PROUST
QUESTIONS D'IDENTITÉ

LEGENDA

EUROPEAN HUMANITIES RESEARCH CENTRE
SPECIAL LECTURE SERIES

This new series publishes a selection of public lectures in the Humanities given at the University of Oxford and marks the 150th anniversary of the Taylor Institution

Forthcoming:

*History, Painting and Narrative:
Delacroix's 'Moments'*
by
Peter Brooks

Zaharoff Lecture 1997

Proust
Questions d'identité

❖

JULIA KRISTEVA

l
LEGENDA

European Humanities Research Centre
Special Lecture Series 1
1998

Published by the
European Humanities Research Centre
of the University of Oxford
47 Wellington Square
Oxford OX1 2JF

LEGENDA is the publications imprint of the
European Humanities Research Centre

ISBN 1 900755 08 4

First published 1998

All rights reserved. No part of this publication may be reproduced or disseminated or transmitted in any form or by any means, electronic, mechanical, photocopying, recording or otherwise, or stored in any retrieval system, or otherwise used in any manner whatsoever without the express permission of the copyright owner

British Library Cataloguing in Publication Data
A CIP catalogue record for this book is available from the British Library

© *1998 Julia Kristeva*

LEGENDA series designed by Cox Design Partnership, Witney, Oxon
Printed in Great Britain by Information Press
Eynsham
Oxford OX8 1JJ

Julia Kristeva is a literary theorist, psychoanalyst, professor of linguistics and novelist. Her many published works include *Séméiotiké: recherches pour une sémanalyse*, *Le Langage, cet inconnu*, *Le Texte du roman*, *La Révolution du langage poétique*, and, most recently, *Le Temps sensible: Proust et l'expérience littéraire*.

Proust
Questions d'identité

Subjectivement parlant, la «question nationale» est cette région incertaine de l'expérience psychique et historique qui transforme l'*identité* en *appartenance*: «je suis» s'y réduit à «j'en suis», «être» devient «en être». Beaucoup se félicitent de ce rétrécissement, en cherchent les versions optimales ou, au contraire, en cultivent les excès intégristes. Proust est peut-être le premier écrivain français des temps modernes qui, non sans ambiguïtés mais avec une ironie ravageante, a dévoilé les ressorts sado-masochistes de l'*appartenance* (à une nation, à une religion, à un groupement notamment sexuel), pour lui opposer ce qui fut pour lui la «vérité de l'Être», le «temps incorporé» de l'écriture.

J'ai dit «ambiguïté», et je voudrais d'entrée de jeu la mettre en évidence par deux exemples. Le 29 ou 30 juillet 1916, Proust écrit à Lucien Daudet qu'il vient de trouver dans les archives de son père un «certificat» de son baptême et de sa première communion.[1] Si le baptême est effectivement attesté, aucun «certificat» de première communion n'est délivré selon les usages (à moins de demande expresse) et ne figure ni dans les archives de Saint-Louis d'Antin aujourd'hui, ni dans les archives Proust. Le ton péremptoire de la lettre qui mentionne un «archevêché de Saint-Louis d'Antin» laisse supposer que ce «certificat» n'est qu'une hyperbole destinée à convaincre Lucien Daudet et sa famille de l'intégration combien réussie de son ami. En contrepoint, je rappellerais la fin du *Temps retrouvé*: Mme Verdurin qui s'identifie à la France en disant «nous» lorsqu'elle disserte sur la diplomatie ou les guerres de la nation, refuse au baron de Charlus—un des alter-ego possibles du narrateur—toute appartenance à la communauté des Français. «Quelle est sa nationalité exacte, est-ce qu'il n'est pas autrichien? [...] Mais non, il est prussien, disait la Patronne.»[2] Certes, ayant eu pour mère une duchesse de Bavière, le baron peut bien être «du corps-France» autant que «du corps-Allemagne». On peut douter que cette raison biologique suffise au culte de l'ambiguïté chez Palamède comme chez le narrateur. A la fin de son roman, Proust se plaît à *désidentifier* la nation après avoir *transsexualisé* le sexe. Lui-même s'avoue personnellement attaché, notons la nuance, non pas au «corps-France», mais à «l'acteur

2   PROUST: QUESTIONS D'IDENTITÉ

France».[3] Comment pouvait-il en être autrement, si l'on admet que le «kaléidoscope social» de *A la recherche* est la première vision de la «société du spectacle», écrite par quelqu'un dont l'identité polyphonique a pu être décrite par un admirateur, Jacques Rivière, comme une «débandade d'atomes»?[4] Ainsi donc, quelle «identité» chez Proust, et comment «s'engage»-t-elle?

Puisqu'un écrivain est essentiellement quelqu'un qui écrit, essayons d'approcher l'*identité* proustienne—et à partir de là, son rapport à l'*appartenance* nationale, religieuse, clanique—dans la logique de son écriture. Métaphores pléthoriques, syntaxe démesurée, personnages imposants mais brouillés: les critiques ne cessent de se perdre dans les méandres. Prenons, pour plus de clarté, les *personnages*; pour aborder ensuite, à partir de leur énigmatique identité, l'Affaire nationale dans laquelle ils furent impliqués en même temps que le narrateur et Proust lui-même, l'*Affaire Dreyfus*.

A. L'attraction classique

Le roman réaliste et ses personnages cachent au lecteur contemporain la longue évolution, fort hétéroclite, que subit le «personnage» dans la narration occidentale. Il est important de la rappeler brièvement, car par delà le réalisme, l'«acteur France» que recherche Proust n'est rien d'autre que la tradition rhétorique classique et ses antécédents.

Tri ou figure. De l'«éthos» au «character»: Aristote, Scaliger et Memnon

Les Grecs ne connaissaient pas le terme de *personnage*: ce sont des «agissants» *(prattontes)* qui font le récit, selon la *Poétique* d'Aristote. Qu'ils soient des «modèles» ou des «copies», êtres réels ou êtres de fiction, ces «actants» sont toutefois pourvus de *caractères éthiques* («bassesse» ou «noblesse»). Qu'est-ce qu'un «caractère» *(éthos)*?[5]— «C'est ce qui est de nature à manifester un *choix* (l'*éthos* est *proairétique)* qualifié; aussi n'y a-t-il pas de caractère dans les paroles qui ne mentionnent absolument pas ce que choisit ou évite celui qui parle.»[6]

Ainsi, issu du monde et modelé par l'intrigue, le caractère, qui opère un tri délibéré, nous renseigne autant sur lui-même que sur la pensée de l'auteur, sa politique et sa rhétorique. Loin d'être une entité en soi, un «sujet», le caractère antique—l'*éthos*—se fait et se défait au gré de l'histoire elle-même, action et parole confondues. Distributeur de la morale qui préexiste au récit, le caractère est néanmoins définitivement forgé par les surprises et les convenances de la narration. Par là même il est le levier de la fable destinée à la catharsis.

Il faudra sans doute la puissance individualiste du christianisme, sa plastique passionnelle au croisement du subjectif et de l'universel, telle que la manifeste le «sujet absolu» qu'est le Christ—pour que le «character» (prenant la relève de l'*éthos*) perde la valeur d'une *option morale* et qu'il s'incarne dans un *corps* gravé par l'*âme*. Marque, empreinte, signe ou monnaie, le terme «character», en grec, suggère l'incision qui tranche et forme. Il passera par le latin et les récits bibliques, évangéliques, puis médiévaux, avant de se confondre avec la «figure»: avant que la morale ne se module en représentation.

Par un nécessaire souci de raccourci, ne pouvant pas retracer ici cette évolution, soulignons son aboutissement chez Jules-César Scaliger. Sa *Poétique* met l'accent sur la représentation de l'action à travers des *caractères* qui la font *voir*.[7] Elle élude ainsi la valeur psychologique et idéologique que le réalisme du XIXe siècle donnera au terme de *personnage*, et permet de situer la particularité souvent déroutante des «personnages» proustiens (comme celle d'autres «personnages modernes») dans une tradition rhétorique dite classique. Cette filiation classique, loin d'être une exigence paradoxale ou «snob», relève d'une même subordination de la *figure* (donc de la «personne») à la *dictio* qu'on retrouvera chez un moderne ou chez un La Bruyère.

Semblable à l'airain d'une statue, le caractère selon Scaliger est fondu dans l'expression (*dictio*). S'il se coule dans la phonétique et la logique, c'est pour faire exister une autre réalité qui surpasse la naturelle, et bien sur la sculpturale, dont elle intègre cependant les qualités. «De même que la statue de César est l'image de César, le poème l'est de ce qu'il décrit.» Comprenons: si le poème est une image, celle-ci doit être perçue comme une statue. La matière phonique serait donc plastique. On pourrait la tailler, l'évider pour en dégager une figure, non pas «per via di porre» comme fait la peinture mais «per via di levare»: à la manière de la sculpture. Ces formules, «per via di porre, per via di levare», ne sont pas de Scaliger, mais de Freud. Il les emprunte à un autre homme de la Renaissance, Léonard de Vinci (1452-1519), pour donner corps, dans son cabinet viennois, à la représentation psychanalitique (l'«interprétation») brusquement assimilée ici à l'art du sculpteur. Le style ou la phrase sont de simples outils, subordonnés à la création de cette représentation—interprétation qui est la seule qui compte: ils sont les servants d'une vision au sens d'une apparition en volume vrai, d'un *character* adéquat à sa *res*. «Le style [...] est [...] une vision», écrit Proust, conjuguant dans cette formule son souci d'exactitude (capter les «idées») et d'ivresse (traverser les apparences techniques jusqu'aux aberrations perçues).[8]

Plus directement encore, et conscient de tirer l'effet majeur de ses personnages de la consubstantialité entre le caractère-monument et le style-chant du créateur, Proust réveille la mémoire mythique, égyptienne et grecque, celle de Memnon. Une de ses statues colossales, classiquement inertes, s'est mise à chanter dans l'an 27 av. J.-C., comme si elle se confondait avec la *poiesis*, à moins qu'elle n'ait annoncé déjà une résurrection: «[...] et je chante, car le poète est comme la statue de Memnon; il suffit d'un rayon de soleil levant pour le faire chanter».[9] Très significativement, la statue chantante est évoquée dès les premières ébauches du roman, dans le *Carnet* de 1908: «Le bonheur n'est qu'une /certaine sonorité des cordes qui vibrent à la moindre chose et qu'un /rayon fait chanter. // L'homme heureux/ est comme la statue de /Memnon un rayon de /soleil suffit à le /faire chanter.»[10] Statuaires et colossaux, les géants réapparaîtront à la fin du *Temps retrouvé*: des monstres juchés sur les échasses de leur mémoire incorporée, occupant une place indéfiniment prolongée dans le temps.[11] Décidément, la statue de Memnon encadre d'un bout à l'autre *A la recherche*, en trait d'union entre Aristote, Scaliger et la polyphonie du caractère moderne.

Un ancêtre: La Bruyère

Le destin statuaire du *caractère*, dans lequel le Moyen Âge et la Renaissance incarnent le lieu de l'*éthos* grec, s'assouplit de plus en plus.[12] Sa rigidité monumentale se fluidifie grâce au plaisir aussi enjoué que logique de la *dictio* qui trouve son apogée à l'âge classique dans *Les Caractères* de La Bruyère (1645-1696). Il fallait la clôture de la cour royale, le respect majestueux des hiérarchies et ces ruses du spectacle versaillais où la politique l'emporte sur la psychologie qui cependant la déstabilise, pour que le caractère devienne une «métaphore».

Tout le monde identifie le personnage clé sous les traits d'un Ménalque, par exemple, le gourmand mangeur de prunes, mais cette *individuation* (possible en raison de l'espace social limité que La Bruyère représente) s'élève au rang d'une *figure* qui condense les traits des autres participants à la même mondanité ou au même snobisme: au même langage. Individuel, le caractère de La Bruyère est néanmoins valable pour toutes les classes nobles qui partagent la même rhétorique: au sein de la mondanité, la passion est devenue *pure forme*, donc partageable. La cour se reconnaît dans cette empreinte; sa morale, ni trop lâche ni trop sévère, a pris du volume dans la statue du «gourmand» ou de l'«avare»; suffisamment argumentée et nécessairement concise, elle caresse ses propres volumes dans les volutes de chaque figure.[13]

Toutefois, et en même temps, loin de représenter seulement des êtres sociaux, les caractères représentent une certaine façon de voir, donc de parler: des impressions d'une rhétorique qui se sait plus puissante qu'eux et qui les fait vibrer. En effet, ces hommes et femmes, cependant bien réels, ne sont que les caractères *de* La Bruyère, ses «transverbérations». Le terme est bien sûr de Proust, pas de La Bruyère.

La Bruyère a pétri ses caractères à partir du *Journal de conversation* répandu à son époque. Il utilise l'art du parler varié, abrupt et piquant de son temps pour capter les dérèglements et les anoblir malicieusement. Rapprochons un instant les siècles et constatons combien les «personnages» de Proust sont complices de cette rhétorique d'un autre temps qui ne fut ni éthique ni psychologique mais un kinétoscope (pourrait dire Proust) d'attitudes verbales.[14] Proust n'a-t-il pas appelé un des ses célèbres «caractères» Santeuil, comme Théodas, le prototype d'un caractère de La Bruyère justement, dans «Des jugements», qui s'appelait dans la réalité Santeuil?—«Il dit et il fait mieux qu'il ne sait; ce sont en lui comme deux âmes qui ne se connaissent point...».[15] Un vrai «caractère», ce Santeuil, d'un *éthos* ambigu, sans *éthos* peut-être, rien que la surimposition des empreintes, des facettes, des points de vue... Le Santeuil de Proust ou le Santeuil de La Bruyère?

Dette et déplacement, le narrateur de *A la recherche* cite *Les Caractères* de mémoire et modifie La Bruyère: «Il est triste, a dit La Bruyère, d'aimer sans une grande fortune»; «Être près des gens qu'on aime, leur parler, ne leur parler point, tout est égal»; «[...] un courtisan dévot sous un prince dévot eût été athée sous un prince athée»; alors que Françoise emploie le verbe «plaindre» au sens de «s'emparer avec avarice», à la manière de La Bruyère, comme pour mieux marquer la continuité entre le goût classique et le bon sens moderne.

Moins assuré que La Rochefoucauld, La Bruyère tirait la maxime vers le paradoxe et le jeu de mots; il dissipait déjà la statue en mirage, mais croyait à la consistance de la vanité. Proust admire ce désabusement optimiste et les phrases qu'il reprend au maître classique auraient pu être écrites par lui. Question de «malice», précisément; et sens des hiérarchies. Mais le narrateur de *A la recherche* est allé plus loin encore dans le vertige du mirage que ne l'a fait son ancêtre: sous sa plume, la phrase est plus nostalgique, et la cruauté de la jalousie désempare l'orgueil. En mélangeant blâme et louange, excelle-t-il dans la médisance ou assène-t-il la démonstration d'une complexité insoutenable? A moins que ce qu'on appelle médisance ne soit une entaille qui sculpte: il n'y a pas de caractère sans un brin de mauvais esprit ou de mordant chez l'auteur. Chez La Bruyère, Sévigné et Saint-Simon, comme chez Proust, la médisance est un discours démonstratif.

«Excellents et terribles»: Sévigné et Saint-Simon

Si l'on peut faire remonter à La Bruyère le modèle le plus compact et le plus ancien des caractères proustiens (*Les Caractères* sont publiés en 1688 et connaissent neuf éditions *avant* la mort de l'auteur en 1696), c'est chez Mme de Sévigné (1626-1696) que Proust reconnaît le déploiement le plus prestigieux de l'écriture insolite, tandis que Saint-Simon (1760-1825) l'inspire dans l'enchaînement des vices en intrigues, voire en film.

La correspondance de Mme de Sévigné paraît seulement en 1726, bien après sa mort. La parenté est cependant saisissante entre son style formulaire, frappé, enlevé—comme on enlève la matière pour dégager la justesse d'un volume ou d'un mouvement sculpté, et la concision des personnages de La Bruyère serrés entre la maxime et le micro-récit.

La grand-mère du narrateur d'abord, sa mère ensuite, sont décrites comme des ferventes de Mme de Sévigné. Un étrange trio se forme ainsi entre la grand-mère, la mère et le narrateur. Marcel est doté d'une mère on ne peut plus classiquement française et talentueuse, mettant la marquise en position de déesse titulaire de l'écriture. Le narrateur-destinataire, fasciné, ne peut donc la lire qu'en s'identifiant... à sa fille. Un homme est-il en mesure de comprendre le génie de Sévigné? Et quelle est la nature de ce génie? La première réponse est donnée par le Baron de Charlus. Car outre les «mères» du narrateur, c'est Charlus qui en est un grand admirateur en raison de ses «délicatesses», de sa «sensibilité féminine».[16] On ne méditera jamais assez cette ultime réverbération des caractères proustiens: de Marie de Rabutin-Chantal, marquise de Sévigné, sans oublier la grand-mère, la mère, en passant par sa fille et Charlus—où est le narrateur? Qui aime qui et de quel amour? Plus qu'un homosexuel, l'écrivain serait-il la fille inspirée de sa mère? Mais quelle mère? Sévigné est-elle une mère, ou bien une langue qui se modèle dans la féroce clarté d'une raison faite style? L'amour de tel mystique pour son Dieu, avait dit Charlus en parlant de l'amour de la marquise pour l'écriture et pour sa fille.

Il ne fait aucun doute que Proust admire chez la célèbre épistolière la formule insolite, la condensation surprenante. Il la modifie souvent à sa manière, soit parce qu'il cite de mémoire, soit par soif d'appréciation. «Je vais être obligée de me servir de tout le courage que tu n'as pas»; ou encore: «Je ne vois aucun de ceux qui veulent me divertir; en paroles couvertes c'est qu'ils veulent m'empêcher de penser à vous et cela m'offense». Ou encore, lorsque la mère du narrateur essaye de lui insuffler quelque sagesse à propos de cet étrange amour pour Albertine, à coup de citations de la marquise: «Pour moi, je suis persuadée qu'il ne se mariera pas ; [...] pourquoi troubler l'esprit d'une personne qu'il sera si aisé d'éviter». Comparée aux phrases de Mme de Sévigné, la prose de Proust, décidément, se fait encore plus concise et plus formulaire: du classique achevé.

Cependant, ce n'est ni l'art de la *condensation* ni l'*évidement* qu'il prétend affectionner chez Mme de Sévigné mais le temps sensible, la perception paradoxale: «une grande artiste de la même famille qu'un peintre [...] Elstir [...] elle nous présente les choses *dans l'ordre de nos perceptions* au lieu de les expliquer d'abord par leur cause [...] le côté Dostoïevski des *Lettres de Madame de Sévigné*».[17]

Saisi par La Bruyère, c'est chez l'épistolière que Proust trouvera l'accomplissement de cette rhétorique de la surprise et du partage que lui lègue le Grand Siècle. La marquise propose à Proust un modèle identificatoire où le style classique est mûr pour basculer en roman. La lettre de Sévigné est le roman dépourvu du flux sentimental et de la prétention explicative des romantiques et des naturalistes. Proust s'en emparera.

Saint-Simon développe, davantage encore que ses prédécesseurs, la méchanceté de l'intrigue. Il inclut une concision caractérielle dans les tableaux vivants de ces petites histoires que ne peuvent raisonner ni l'autorité maternelle (la marquise est morte) ni celle du roi (il est lui-même une cible privilégiée de la médisance). Concision qui seule soutient la lucidité du conteur capricieux.

Il y a deux grands admirateurs du mémorialiste dans *A la recherche*. Le premier est Swann, au point d'en laisser le souvenir durable à sa fille Gilberte.[18] Le second et le plus insistant adepte du duc est le baron de Charlus: il témoigne par ce goût littéraire d'une gémellité supplémentaire avec Swann, et avec le narrateur lui-même.

Une fois de plus, en double de Swann, le narrateur est impressionné par l'art du mémorialiste à reproduire les rituels répétitifs d'une société fermée: tante Léonie et Françoise répètent une «mécanique de Versailles»[19] tandis que Swann aime chez Saint-Simon «la mécanique d'une journée» faisant alterner l'avarice et le grand train de Lully avec les repas de Mme de Maintenon.[20] C'est avant tout la *malveillance* de la formule, la pique, la flèche décochée à l'objet «extérieur» dissocié de soi, qui impressionnent le narrateur tout comme Swann. Proust apprécie également dans ses pages cet «imprévisible» qui fait la beauté d'une phrase de grand écrivain; et dans lequel Saint-Simon atteint les sommets.

«Mécanique et imprévisible»: ce mélange saint-simonien qui résume le choc de l'extériorité n'a cependant rien d'une «observation» qui resterait médiocre et qui vieillirait.

Il s'agit de se laisser porter par le style, sans adhérer trop ni à l'un ni à soi-même, ni à l'observation. Entre vanité et objectivation, le portrait est saillie et surprise, «impitoyable pour tout élément étranger», «excellent mais terrible».[21]

Le narrateur appliquera aux gens de son époque ce même regard corrosif qui sélectionne les siens et retranche les étrangers, mais recompose sans cesse les frontières du puzzle: mouvement inattendu sans lequel le jeu serait peu amusant. La société partagée de La Bruyère culmine dans le ridicule de ceux qui prétendent s'en évader et que Saint-Simon a épinglés, comme le fait Proust. Du reste, même s'ils s'en évadent, même s'ils échappent à leur condition originaire— cela arrive à la fin du *Temps retrouvé*—ces caractères n'en sont que plus ridicules: une amertume, le désabusement d'un monde qui bouscule les vieilles partitions pour en générer d'autres, plus médiocres, confèrent un peu de chagrin proustien à la médisance ducale. La mondanité maintenue se teinte dès lors de mystique. Mais c'est le baron de Charlus qui «produit» un véritable film du comportement, fondé sur la méchanceté de ce mécontentement: «[Charlus] se faisait d'après Saint-Simon ces espèces de *tableaux vivants*.»[22] A moins que tout le Faubourg Saint-Germain ne soit un «tableau vivant», un cinéma conçu à partir des *Mémoires* du terrible duc, ce qui ferait de Charlus un complice, encore une fois un double, une réverbération, cette fois-ci du narrateur.

Croire que le narrateur prétend avoir écrit sa version des *Mémoires* du duc, «écrits eux aussi la nuit», et pourquoi pas les *Mille et Une Nuits*, serait évidemment excessif, suggère le narrateur.[23] Pourtant, cette dénégation est immédiatement levée: le livre en cours serait bel et bien les «*Mémoires* de Saint-Simon d'une autre époque».

Destin du statuaire chez le narrateur

Ainsi donc, ces sources majeures de la *rhétorique classique* que sont pour lui la *conversation*, la *lettre* et les *mémoires*, Proust les retrouve, sans aller fouiller les textes latins des précurseurs érudits, dans l'expression formulaire des caractères dont La Bruyère, Sévigné et Saint-Simon se disputent l'excellence. Passionnément, il en cherche le réceptacle social dans les vestiges dérisoires et cependant sympathiques que la noblesse continue de produire dans ses salons, coteries et clubs plus ou moins distingués, de la Restauration au Second Empire et jusqu'à la Troisième République. Proust y joue son insertion et son étrangeté, tout en passant cette société du partage, tant enviée car génératrice d'une maîtrise inégalée de la langue, au crible d'une analyse obsédée par ce secret de tout groupe qu'est son *marginal*. Et l'aristocratie, comme apogée du social, de se trouver irradiée par son autre racial (le juif) et sexuel (l'homosexuel). A ce moment-là, les caractères qui cristallisent dans les enclos d'une parole décantée brusquement vacillent: ils se contaminent, ils s'embrouillent. On enlève une part ici, on l'ajoute là, qu'importe. La matière de la statue n'est autre que la *dictio* du narrateur; il se modèle; ou plutôt il se projette dans les facettes de ses protagonistes lesquels, toutefois, ne perdent jamais leur substance de figure propre. Les *Lettres* de Sévigné étaient déjà sur la même voie, et l'ubiquité de Saint-Simon à la mémoire plurielle.

A cause de l'Histoire et à cause de la singularité de Proust, le «choix» prôné par Aristote, l'*éthos* psychologique ou idéologique, devient désormais un drame sadomasochiste, alors que la figure, si chère à Scaliger et encore à La Bruyère, se dévoile comme une imposture (des Verdurin aux Guermantes, personne n'est épargné, pas plus que la cruauté de Sévigné ou de Saint-Simon n'épargne l'«identité» des seigneurs).

Swann est-il un caractère? En a-t-il un? Et Odette? On n'y croit pas, ils n'y croient pas, ils se métamorphosent, ils se dégradent. L'unicité même du personnage, par exemple Albertine, s'émiette en multiples traits. Ses caractéristiques se rejoindront seulement dans le discours enfiévré du narrateur amoureux: «Unique, croyons-nous? elle est *innombrable*.»[24]

Simple comédie, retour d'Aristophane, de Molière? Non! C'est le contour lui-même qui s'éclipse, l'empreinte qui ne s'engramme pas et la substance de la statue qui se fait alchimique, infiltrée de vie et de mort. Transsubstantiation donc?[25] Peut-être, mais seul le narrateur y parvient. Les autres, aux rares moments d'intermittence du cœur, sont des caractères. Qu'est-ce à dire?

D'une part, touchés par le sadomasochisme et inscrits dans l'anneau métaphorique ajustant le présent au passé, leurs «images» retrouvent l'*individuation d'un caractère*, à la façon de Scaliger, de La Bruyère ou de l'insolite Sévigné. Mais, d'autre part, sorties de cette tenaille, les créatures reprennent leurs scintillements hypnotiques, leurs rôles, leurs masques saint-simoniens. Les caractères de Proust descendent du Grand Siècle et sont prêts à entrer sur les écrans de télévision.

En revanche, la passion qui transcende les caractères, qui les traverse et qui les recompose (en rassemblant Charlus et Morel, Albertine et le narrateur, Odette et Swann) persiste à substantifier des figures au moment même où leur aspect social ou psychologique se délite. Devant la passion et son secret qui est l'inversion, la médisance ne recule pas, mais en redoublant d'ironie, elle rejoint un nouvel *éthos* ravageur: la néantisation des amours, l'insignifiance des jalousies. La plus passionnelle étant la passion de mort, infligée à tous. Une médisance fatale? Non, une inconsistance suprême.

Imagination du partage et de la projection

Le caractère comme imposture, pincée sans méchanceté, avec cette bienveillance avertie qu'on prendrait naïvement pour une médisance: voilà la tradition des caractères de cour, de La Bruyère, de Mme de

Sévigné, de Saint-Simon, qui renaît sous la plume de Proust. S'ils gardent ainsi du Grand Siècle l'aspect statuaire de ses caractères comme autant d'«unités immédiates», «différentielles de l'inland de la mondanité», les caractères de Proust habitent surtout la parole du narrateur qui les fait circuler d'un lieu à l'autre, forçant les résistances et riant des perméabilités, plus hardiment encore que ne l'ont fait ses prédécesseurs classiques.[26]

L'imagination *fragmente* et *isole*: elle partage et en ce sens elle coïncide avec le snobisme; l'imagination est snob. En même temps, nécessairement, elle *associe* au sein de cette coexistence de styles qu'est le trésor verbal auscultant la mémoire désabusée du narrateur. Forte de cette transitivité, l'imagination creuse les marques, tragiques ou comiques, des caractères. Dans l'immédiateté du détail, les portraits de Proust prennent la stabilité du réalisme et la grâce fluide, l'inconsistance enjouée des créatures subjectives: lutins ou fantômes projetés par les souvenirs du narrateur.

Le statuaire classique ne disparaît pas sous la plume de Proust, mais s'assouplit et se déréalise. Les monuments ne savent pas partager: sans communication, sans partage, ils demeurent solitaires. Or, l'agilité du narrateur les place dans divers espaces sociaux, les situe à différents endroits de sa sensibilité et de sa parole. A cause de cette transitivité, les empreintes des statues se multiplient et se contredisent. On a beau leur connaître des modèles dans l'histoire mondaine, les caractères de Proust épousent l'instabilité du narrateur lui-même: «Ces évocations tournoyantes et confuses ne duraient jamais que quelques secondes: souvent, ma brève incertitude du lieu où je me trouvais ne distinguait pas mieux les unes des autres diverses suppositions dont elle était faite, que nous n'isolons, en voyant un cheval courir, les positions successives que nous montre le kinétoscope.»[27] Cette incertitude des perceptions contamine les personnages. Bloch, Swann ou le narrateur? La duchesse de Guermantes, la princesse de Guermantes, la Vierge, une aubépine blanche ou la Verdurin hissée au plus haut rang? Des caractères? Ou les ombres d'une lanterne magique, tels Golo ou Geneviève de Brabant qui n'en existent pas moins d'épouser un mur ou un bouton de porte dans la chambre d'un enfant.

Surimpositions de mémoires (donc vrais) mais faits de discours (donc *surfaits*). Ni réalités, ni «clés», et encore moins porte-parole d'une identité ou d'une idéologie.

Tels sont les «personnages» de Proust, qui impliquent une

véritable *politique* du roman à propos de l'identité et de l'appartenance. Cette *politique proustienne* est-elle «entendue» par le roman contemporain?

Politique du roman

Le roman réaliste contemporain perpétue l'impression de sécurité et d'individuation immédiate qui émane des caractères classiques: nous y retrouvons d'autres clôtures («tiens, c'est comme ma famille», «tiens, c'est comme mon village», imagine le lecteur mystifié) où nous reconnaissons des habitudes de langage qui nous donnent l'illusion de retrouver de *vrais* individus. De Balzac aux best-sellers modernes, les caractères se dépouillent de leur valeur emblématique jusqu'à perdre leurs contours dans les suspens de l'intrigue. Ils demeurent malgré tout des caractères d'un «milieu» (classe ou langue). Et tout l'effort stylistique de l'écrivain consistera à les typer à l'intérieur de cette clôture. Le roman réaliste ne conçoit pas d'enjeu supérieur à celui d'intégrer ou de quitter un «milieu», tandis que ses virtuosités stylistiques se bornent à délimiter une identité de langage. D'ailleurs, le succès désormais médiatique est assuré si le lecteur y retrouve son «propre» milieu. Les best-sellers sont toujours «régionalistes», ils me restituent «ma pauvre enfance auvergnate», «mon homosexualité», «mon féminisme», «ma banlieue», etc...

Dès que le personnage déroge à son territoire, par la multiplicité des langages qu'il tient ou par les retournements diversifiés que lui inflige le tourniquet rhétorique du narrateur, il perd sa consistance sculpturale et réaliste: il n'est plus perçu comme vrai, mais comme une création verbale, abstraite, intellectuelle. Et de décevoir le lecteur réaliste qui réclame son dû d'illusion. Le nouveau roman a exaspéré les bourgeois en dénudant jusqu'à la trame les ficelles de la technique narrative; en l'usant. Dans cette mesure, pour ceux qui n'ont pas la naïveté de renouer avec le statuaire, l'expérience de Proust demeure aussi excitante qu'énigmatique. Car Proust a concilié la fixité des milieux et nos aspirations narcissiques d'en être, avec la mise en lumière du ridicule d'un tel vice.

De Memnon à Golo. De la statue au spectacle. Du «corps-France» à l'«acteur France». Le paradoxe des caractères proustiens nous situe au cœur de l'insoutenable identité du narrateur: de l'écriture.

D'où vient cette position de jonction paradoxale entre *dedans* et *dehors?* Cette position charnière qui appartient passionnément aux deux et semble en définitive ne privilégier aucun côté (côté Méséglise? côté Guermantes?), située comme elle est dans le «pur temps» de l'œuvre? La singularité de ce paradoxe, qui est celui de l'esthétique contemporaine, ne se réduit assurément pas à la situation sociale de Proust; mais, les thèmes du roman en témoignent, elle en est aussi tributaire. Politiquement et sociologiquement, la question pourrait se schématiser ainsi: de quel côté se tient le narrateur, quand il voit bien tous les côtés, quand il les connaît à fond, quand il les aime à fond, quand ils les fuit à fond? De tous les côtés, et d'aucun à la fois?

En d'autres termes et plus brutalement: comment être juif et français en France pendant et après l'Affaire Dreyfus?

B. L'Affaire ou l'insaisissable vérité

Le centre et la périphérie

Né d'une mère juive et d'un père catholique, l'enfant fragile, dont les biographes se plaisent à souligner que la vie utérine a été troublée par la Commune (18 mars-28 mai), voit le jour le 10 juillet 1871 pour être baptisé le 5 août à Saint-Louis d'Antin. Juif et catholique, ni l'un ni l'autre, ou les deux à la fois, Proust sera contemporain des événements historiques qui bouleversent cette période à la charnière de deux siècles: l'Affaire Dreyfus, et la Première Guerre mondiale avec ses conséquences françaises.

Étrange société que cette Troisième République où une aristocratie éphémère s'amuse aux jeux d'un Versailles de pacotille en admettant dans ses vices infantiles quelques juifs riches, francisés ou oisifs—un Rothschild, un Arthur Meyer, un Haas. Le Bal des bêtes est donné par la princesse de Sagan dans sa Villa Persane de Trouville en mai 1885 et *Le Gaulois* en publie un compte-rendu. Il décrit un de ces chefs-d'œuvre d'insolence bucolique où le beau monde, costumé en fantasmagorique ménagerie d'abeilles, de girafes et d'oiseaux de paradis, savoure la nostalgie exquise d'une chorégraphie qu'on aurait trouvée simplement amusante si elle n'était pas si grotesque et stupidement morbide, car très provoquante. Après 1870, après 1871, avec les trains, les téléphones, les grèves... Édouard Drumont, lui, ne dort pas: «Toute la juiverie est naturellement là, riant de l'avilissement de cette malheureuse aristocratie.» «Voilà ce que faisaient des chrétiens, au mois de mai 1885, pour fêter la profanation de l'église Sainte-Geneviève!... Tout cela pour arriver à être cité dans le journal d'Arthur Meyer!»[28] Drumont ment par omission. La «juiverie» est loin d'être simplement «riante». Ces juifs «francisés», ces «oisifs», sont certainement flattés *d'en* être. Mais ce qui est plus amusant encore parce que plus radical, c'est la sensation qu'ils procurent aux aristocrates qui n'ont pas le courage de reconnaître leur déclin ni celui de leur perversité. Être vicieux en compagnie de ces juifs-là, sera encore plus étrange, plus piquant. Plus «smart», dira Odette, mais elle est vulgaire; les autres ne disent rien, et encore, on y reviendra. En tout cas, avec ces juifs-là, c'est autre chose. C'est quelque chose. Après tout, on n'est pas seulement une noblesse transitoire qu'un peu de république risque d'effacer. Après tout, avec ces juifs-là on obtient, qui sait?, un nouveau genre, presque un avenir, pourquoi pas un projet. Hélas, les juifs s'intègrent dans un monde dont chacun sait qu'il n'est pas fait pour eux. Mais l'autre côté, le bon côté, le «côté de Guermantes» trouve son compte dans cette intégration en retournant ses propres faiblesses en vices, en espoir, en lendemain.

Le calcul, inconscient, ne manque pas de subtilité. Or, il ne compte pas avec le conservatisme catholique qui continue à tenir les juifs pour des criminels responsables de la mort du Christ. Sans parler de la violence populaire qui, en assimilant la corruption galopante des milieux gouvernants, souvent laïcs, au capital juif, désigne en ce dernier le bouc émissaire de la paupérisation qu'entraîne l'essor industriel mené à coups de spéculations.[29] Affaire après affaire (Panama, Reinach, etc.), voici «l'Affaire».

L'affaire Dreyfus éclate une dizaine d'années après le Bal des bêtes de la princesse de Sagan. En 1894, Alfred Dreyfus, officier juif de l'état-major des armées françaises, est condamné pour espionnage au profit de l'Allemagne.

Le jeune Proust est parmi les premiers militants dreyfusards. Engagé à fond dans l'Affaire, il passera cependant à la périphérie, s'éloignera de la politique et, sans jamais approuver aucune solution collective à aucun problème, il ne cessera d'être tourmenté par l'ambiguïté: religieuse, sexuelle, stylistique.

En effet, avec ses amis Jacques Bizet, Robert de Flers, Léon Yeatman, Louis de La Salle et les deux frères Halévy, Proust organise le *Manifeste des Cent quatre*, qui, au bout d'un mois, comptait trois mille signatures. Et pourtant, à la fin du *Temps retrouvé*, le narrateur classe l'Affaire Dreyfus, ainsi que la guerre, parmi ces événements secondaires qui «détournent» l'écrivain du «livre intérieur de signes inconnus»: «Chaque événement, que ce fût l'affaire Dreyfus, que ce fût la guerre, avait fourni d'autres excuses aux écrivains pour ne pas déchiffrer ce livre-là, ils voulaient assurer le triomphe du droit, *refaire l'unité morale de la nation*, n'avaient pas le temps de penser à la littérature.»[30] Par-delà le réquisitoire bien connu contre «la littérature de notations», cette phrase marque le désenchantement de Proust vis-à-vis de la vie sociale, de la vie politique et plus particulièrement des positions dogmatiques auxquelles aboutit inévitablement un engagement. En l'occurrence, le dreyfusard qu'il fut initialement a été révolté par l'anticléricalisme et le cynisme politique dont ont fait preuve certains tenants de son propre parti. Bloch, naïf, croit que «la vérité habite toujours, indiscutable et matérielle, le dossier secret du président de la République et du président du Conseil, lesquels en donnent connaissance aux ministres».[31] Le narrateur, et Proust avec lui, se persuade au contraire, au fur et à mesure que se déroule l'*Affaire* et que l'innocence de Dreyfus apparaît, même si elle n'est pas officiellement reconnue, que des intérêts partisans s'approprient la vérité pour l'exploiter à des fins personnelles ou idéologiques, qu'ils font régner l'intolérance, la paresse et l'arbitraire. De sorte que l'attitude du narrateur à l'égard de l'*Affaire* se modifie, tout au long du livre. Il s'identifie d'abord au sort du colonel juif, condamné et exilé (les homosexuels «chassé[s] [...] exclus même, hors les jours de grande infortune où le plus grand nombre se rallie autour de la victime, comme les juifs autour de Dreyfus»[32]). Il en gardera pour finir une vision de la société soumise à l'hypnose, à l'escroquerie et aux abus de pouvoir, inapte à la vérité. Plus particulièrement, l'«anticléricalisme combiste et l'antipatriotisme marxiste» auxquels adhèrent certains courants dreyfusistes, ne peuvent guère compter sur la sympathie de Proust, qui—des cathédrales à Venise—semble tout compte fait plus proche de Bernard-Lazare et même de Péguy (dont il ne supporte pas le style) que de Romain Rolland.[33]

En définitive, et quoi qu'on puisse penser initialement ou naïvement, tout est prétexte à manœuvres et abus. Fuyons donc vers le «livre intérieur». Précédant et s'ajoutant à la mort de sa mère, l'exploitation de l'Affaire par les amis de Dreyfus achève de convaincre Proust de l'inanité de l'engagement social, pour lui ouvrir définitivement la seule expérience du roman comme cadre «authentique» pour la «vraie vie».

En effet, qui croire? «[...] le kaléidoscope social était en train de tourner et [...] l'affaire Dreyfus allait précipiter les juifs au dernier rang de l'échelle sociale.»[34] «Cyclone» et «rage», l'événement ne fait que cristalliser des tendances inhérentes à la société française: si Bloch, inconnu, peut encore passer inaperçu, «les grands juifs représentatifs de leur parti étaient déjà menacés».[35] Le salon français cultive son juif comme une excentricité, un «orientalisme», «curiosité esthétique» ou «couleur locale», surtout quand il n'est pas «assoupli par la gymnastique du 'Faubourg'» ni ennobli par un «croisement avec l'Angleterre et l'Espagne».

Dans les remous insondables de ce kaléidoscope, et une fois de plus, Swann représente au plus près les sympathies et les réticences du narrateur. S'il est, lui aussi, dreyfusard de la première heure, Swann est «d'un aveuglement comique».[36] Il retrouve une certaine admiration pour Clemenceau qu'il considérait auparavant comme un espion de l'Angleterre. Et, plus grave encore, «la vague renversait chez Swann les jugements littéraires et jusqu'à la façon de les exprimer. Barrès avait perdu tout talent, et même ses ouvrages de jeunesse étaient faiblards, pouvaient à peine se relire».[37] Cet intégrisme avant la lettre, repéré pour commencer chez les dreyfusards, permet à Proust d'accuser habilement, doit-il croire, les antidreyfusards à leur tour et du même tort. «D'ailleurs les antidreyfusards n'auraient pas été en droit de critiquer ces folies. Ils expliquaient qu'on fût dreyfusiste parce qu'on était d'origine juive. Si un catholique pratiquant comme Saniette tenait aussi pour la révision, c'était qu'il était chambré par Mme Verdurin laquelle agissait en farouche radicale. Elle était avant tout contre les 'calotins'.»[38]

La tentative de désaffecter les églises ne pouvait qu'indigner Proust, et l'on ajoutera volontiers cet argument à la défense que l'écrivain prit d'hommes aussi hostiles à Dreyfus que ceux de l'Action française. *Le Côté de Guermantes* est dédié à un admirateur de Drumont, Léon Daudet, dans lequel Proust ne voit, en définitive, que l'incarnation de l'esprit français dont la filiation remonte à Saint-Simon, et dont le narrateur de *A la recherche* a toujours souhaité posséder l'essence avec, malgré, et éventuellement sans, Dreyfus. Dépasser la souffrance juive (de Marcel, de Dreyfus) pour atteindre le style de Saint-Simon: tel est le projet éminemment subjectif et littéraire qui anticipe sur la déception causée objectivement par l'Affaire et peut-être l'aggrave: «Ne pouvant plus lire qu'un journal, je lis, au lieu de ceux d'autrefois, l'*Action française*. Je peux dire qu'en cela, je ne suis pas sans mérite.» En effet! «La pensée de ce qu'un homme pouvait souffrir m'ayant rendu jadis dreyfusard, on peut imaginer ce que la lecture d'une 'feuille' infiniment plus cruelle que *Le Figaro* et les *Débats*, desquels je me contentais jadis, me donne souvent comme les premières atteintes d'une maladie du cœur.» La franchise proustienne ne manque pas de cruauté à l'endroit de la «feuille». Mais l'écœurement ne l'arrête pas, car «dans quel autre journal le portique est-il décoré à fresque par Saint-Simon lui-même, j'entends par Léon Daudet? [...] le 'faux héroïque' du colonel Henry (que je ne trouve pas héroïque du tout, si revenu que je sois depuis longtemps de tous les dreyfusards nantis qui essayent de se faire une position dans le Faubourg Saint-Germain)».[39]

Il s'agira de se faire une position dans le panthéon saint-simonien des lettres. Ce sera une autre «affaire». L'affaire Proust. Des surimpressions à faire pâlir les cathédrales.

Rouge et blanc

Plusieurs références au judaïsme, dans le texte de Proust, attestent de son influence sur l'écrivain et de la manière très singulière qu'il choisit pour en marquer la place.[40] Ainsi Proust utilise fréquemment des citations de la Bible mais aussi des Évangiles. Elles scandent des moments essentiels de sa phrase et de sa pensée, renvoyant au sens canonique du texte sacré, tout en lui imprimant une orientation personnelle, émouvante ou comique.[41] Ces évocations font partie de l'héritage culturel général, mais Proust les emploie avec une fréquence et une intensité toutes particulières.

Il semble qu'il se soit intéressé en outre aux courants ésotériques du judaïsme et à leurs consonances avec la culture chrétienne. C'est l'art des cathédrales, à travers Ruskin et le culte de Venise, qui émerveille Proust et offre au narrateur l'exemple privilégié de l'incorporation du sacré que se propose d'accomplir le «temps retrouvé». La tradition juive s'insinue discrètement dans les fastes de cet art chrétien. Elle lui confère une ambiguïté mystérieuse qui conduit l'esthétique du narrateur à la pureté abstraite d'une sagesse (le *Zohar*) mais aussi à l'aveu d'une permanence du vice (*Sodome et Gomorrhe*).

Le lien entre le judaïsme et Venise est suggéré mystérieusement déjà dans *Jean Santeuil*: le jeune homme casse un verre de Venise et redoute la colère de sa mère après la réprimande paternelle. Pourtant, il ne reçoit que tendresses incestueuses, et cette explication étrange de la part d'une mère catholique: «Il croyait qu'elle allait le gronder et lui rappeler le père. Mais restant aussi douce, elle l'embrasse et lui dit: 'Ce sera comme au temple le symbole de l'indestructible union'.»[42] En revanche, dans les brouillons du *Contre Sainte-Beuve* rédigé vers la fin 1908,[43] la mère du narrateur revêt des traits juifs prononcés.[44]

Ambiguë mais aussi diffuse, la judéité proustienne surprend là où personne ne l'attend. Ainsi au rite de la messe dominicale s'ajoute curieusement un *rite du samedi* à Roussainville. Le samedi on déjeune plus tôt car Françoise doit aller au marché à Roussainville. De surcroît, dans le Cahier 9, la servante apparaît comme une adepte de la «vieille loi juive», cruelle et délicate à la fois. Ces détails seront éliminés des dernières versions et Françoise se trouvera enfin «déjudaïsée».

Par ailleurs, la *rousseur* juive de Gilberte qui lui vient de la peau de son père rejoint le *rose* si aimé par Proust: Odette, la dame en rose; la robe et les chaussures rouges d'Oriane; les aubépines, initialement roses ou blanches, qui polarisent, dès l'entrée en scène de Gilberte, cette partie du texte en deux séries: le blanc—vierge—catholique s'opposant au rose—sexuel—juif. Le rose est souvent connoté maternel, mais il peut suggérer aussi l'attirance secrète de l'autorité paternelle quand elle est imaginée juive: «sous le cachemire de l'Inde violet et rose qu'il nouait autour de sa tête [...] avec le geste d'Abraham dans la gravure d'après Benozzo Gozzoli que m'avait donnée M. Swann».

La conjonction entre sexualité et judéité se colore aussi de rose chez Albertine: simple tache *rose* pour Marcel, lorsqu'elle apparaît dans *A l'ombre des jeunes filles en fleurs*, ne porte-t-elle pas le patronyme de *Simonet*? Avec un seul «n», comme pour mieux donner à lire le nom de Simon, le Maccabée de la Bible? Ce qui ne l'empêche pas, au contraire, de détester les juifs et les Simonnet avec deux «n». Peut-être parce que ces gens-là sont trop proches d'elle, inavouables?

Enfin, un éventail de références littéraires juives parsèment *A la recherche*, jusqu'aux deux tragédies juives de Racine, *Esther* et *Athalie*.

L'ironie de Proust, envers manifeste de sa culpabilité, mélange les deux singularités—la juive et l'homosexuelle, en s'acharnant particulièrement sur leur conjonction. Sodome et Sion se contaminent et se brouillent, de telle sorte qu'on pourrait y entendre un brouillage tout autant qu'une insoutenable hostilité. Ainsi certaines envolées de Charlus annoncent les horreurs des temps modernes encore inconnues de Proust: «Mais enfin un ghetto est d'autant plus beau qu'il est plus homogène et plus complet.»[45] Mais toujours et en définitive, c'est l'ironie de Proust—doublure de son malaise et de sa solitude—qui l'emporte. Loin d'effacer les différences, la superposition sarcastique de codes renforce la polysémie et surcharge d'empreintes les caractères de Proust. Ils en sortent ambigus, insaisissables, comme la transverbération d'une image de kinéscope. Il n'est pas question de décrire la réalité sociologique d'un juif ou de sa communauté, ni même de maîtriser la réalité psychologique de l'inverti. En entrechoquant les deux marginalités, en cumulant les critiques et les médisances dont elle sont couvertes par la «bonne société», Proust retourne la calomnie. Mais en dissipant la persécution, il défait d'un même geste jusqu'à l'*exigence identitaire* des calomniés. Il les arrache à leur piédestal de statues, sociologiques ou psychologiques, pour les réduire à des caractères singuliers. A la limite, il n'en restera que des éclats ou des plis de son propre caractère—de ses propres différences, remords et plaisirs les plus secrets.

C'est dans la double référence aux villes hébraïques de Sodome et Gomorrhe et au *Livre de Daniel* que se nouent chez Proust les destins du judaïsme, de l'homosexualité et de l'art.

Le jugement biblique condamnait les deux cités pour leurs vices sexuels et leur avarice. L'ouverture de *Sodome et Gomorrhe* (qui «inverse» à son tour la condamnation des homosexuels désignés par Proust sous le titre «La race maudite» dans *Contre Sainte-Beuve*), considère l'inverti comme une «créature extraordinaire» promise à l'exil et à la rédemption. La «transmutation» de Charlus en femme est décrite dans une longue digression qui cite explicitement le langage de Daniel.

La tradition zoharique et plus particulièrement Daniel savaient déchiffrer, dans un visage, les signes d'une autre âme qui lui est «accouplée». De même Proust déchiffre dans le visage de l'inverti la présence des traits maternels. Ce faisant, il récupère la tradition ésotérique sans se départir d'une tendance à ironiser aussi bien sur l'ésotérisme que sur l'homosexualité. Cependant, cette polysémie laisse ouverte l'idée d'une promesse de salut. Proust ne conçoit l'aventure homosexuelle que dans le registre d'une expérience ésotérique.

C'est à partir d'ici qu'il faudrait essayer de comprendre

comment le narrateur a pu assimiler le juif et l'homosexuel: ces deux singularités qui excitent chez lui une tendre ironie et des sarcasmes cruels mais que doit surpasser la singularité de l'art. En revanche, tout regroupement, effet de masse, mise en famille de ces singularités-là provoquent la méfiance et le rejet de la part du narrateur. «Laissons pour le moment de côté ceux qui [...] cherchent à faire partager leur goût, le font [...] par zèle d'apostolat, comme d'autres prêchent le sionisme, le refus du service militaire, le saint-simonisme, le végétarisme et l'anarchie»,[46] «[...] mais on a voulu provisoirement prévenir l'erreur funeste qui consisterait, de même qu'on a encouragé un mouvement sioniste, à créer un mouvement sodomiste et à rebâtir Sodome».[47] Le vice et même l'anarchie militants et exemplaires unifient, détruisent l'expérience singulière.

Sur cette base, Proust se démarque du sionisme. Et la lecture de *La Vieille France* du très antisémite Urbain Gohier, auquel il semble emprunter les jeux de mots sur la «Sodome judéo-maçonnique»,[48] ne l'empêche pas d'être conscient des déterminations familiales, nationales, religieuses et raciales, qu'il assume comme une fatalité inéluctable et non sans quelque regret: «Je savais que, aussi profond, aussi inéluctable que le *patriotisme juif* ou *l'atavisme chrétien* chez ceux qui se croient le plus libérés de leur race habitait [...] un gros nez, une bouche proéminente [...] Même mentalement, nous défendons des lois naturelles beaucoup plus que nous ne croyons, et notre esprit possède d'avance comme certain cryptogramme, comme telle graminée, les particularités que nous croyons choisir. Mais nous ne saisissons que les idées secondes sans percevoir la cause première (race juive, famille chrétienne, etc.) qui les produisent nécessairement et que nous manifestons au moment voulu.»[49]

Contre le groupe mais avec sa fatalité, il s'agira surtout d'éviter le réflexe grégaire et de ne construire que des fugues, des *impressions* surprenantes, cruelles et ridicules. Les prises de position de Proust dans le déroulement de l'Affaire Dreyfus sont issues de ce postulat que l'Affaire a dû, par ailleurs, consolider. Mais une fugue, au sens musical où Proust élève l'art verbal, est-elle vraiment ce qu'on appelle une «position»?

Du vice à l'infini

Dans sa réflexion «Sur l'Antisémitisme»[50] inspirée pour une large part de l'image des juifs que nous lègue l'œuvre de Proust, Hannah Arendt insiste sur le rôle joué par l'assimilation des juifs dans le dramatique destin de notre siècle qui eut l'abjection d'imaginer la «solution finale». Consécutive à leur adhésion aux idéaux de la Révolution bourgeoise, à leur insertion dans la gestion du capital et de l'industrie et, simultanément, dans la politique, la presse, l'armée, cette assimilation concerne surtout les classes aisées, sans pour autant signifier que celles-ci aient été réellement «déjudaïsées». Plus sournoisement, l'origine juive, privée de ses connotations religieuses et politiques, devient un attribut psychologique. Elle se transforme en «judéité»; dès lors cet attribut se rangeait obligatoirement dans la catégorie des vertus et des «vices».[51] Vice «intéressant» pour les uns, vice redevenu crime à exterminer pour les autres. Notamment lorsque les circonstances politiques et économiques cherchent un bouc émissaire—«une telle dégradation fut préparée par les juifs qui en faisaient une vertu innée».[52]

Hannah Arendt souligne cette réduction du judaïsme à une différence, à une singularité, quand ce n'est pas à une curiosité psychique ou morale (elle ne dit pas *sexuelle*, mais on peut supposer que, lectrice de Proust, elle y est sensible). Pour cette raison, laisse-t-elle entendre, les juifs s'enferment et se laissent enfermer dans une élite qui peut manifester des attitudes d'humilité autant que d'arrogance. Délaissant le judaïsme comme signe religieux, la judéité s'identifie aux clans fermés. Elle se confond parfois avec eux, elle y est fréquemment flattée à titre d'excentricité, de perversité distinctive.[53] Ainsi et symétriquement, certains se déclarent dreyfusards par snobisme: par exemple les Verdurin et même le duc de Guermantes qui veut bien se dire sympathisant du colonel juif dans le seul but de plaire aux nobles dames italiennes rencontrées aux eaux. Mais une fois innocenté, Dreyfus redevient non vicieux, c'est-à-dire insignifiant. Le bon peuple, cependant, ne se contente pas de cette insignifiance qui semble effacer les juifs des salons, notamment ceux de Proust après l'Affaire. Expression des bas instincts qu'attise la misère, la populace et, sous sa poussée, toute la société qui «s'était montrée prête à accepter le crime sous la forme du vice, serait bientôt prête à se laver de son vice en accueillant ouvertement des criminels et en commettant publiquement des crimes.»[54] Par-delà l'Affaire Dreyfus, Hannah Arendt annonce ainsi les causes sournoises, sociologiques, religieuses et psychologiques qui ont abouti aux camps d'extermination et à l'Holocauste. L'assimilation désirée ou subie (le judaïsme devenant judéité) est interprétée comme une des conditions d'un massacre sans précédent, contre lequel la restauration de l'origine par le courage sioniste semble être la seule et unique garantie. En croisant la voie proustienne de la judéité faite vice et en reconnaissant la vérité du diagnostic proustien, le philosophe s'en écarte naturellement pour chercher une solution politique. Tout autre est l'obsession de l'écrivain. Considérons la figure centrale de Swann. Dans le projet initial du roman, il devait être le personnage principal avant que Marcel et le narrateur ne le dédoublent. Dans la version définitive, il demeure l'inspirateur de l'œuvre. Prenons en compte le présence conjuratoire, cathartique de Bloch—le gaffeur inintégrable. Rappelons enfin les multiples débats autour de l'Affaire, les propos antisémites de Charlus ou de Norpois et les violences expiatoires du narrateur lui-même qui s'acharnent sur ses doubles comme pour se vider de ses propres «puanteurs». Il est clair que le problème juif est le secret de polichinelle de *A la recherche*, tel le «nez de polichinelle de Swann».[55]

Mais où est le narrateur? On l'a dit: au centre et à la périphérie. L'élégante oisiveté de Swann, qui croit à tort que la vie est un roman, peut s'inclure, non sans mal, dans le saint des saints du Faubourg. La muflerie de Bloch en sera rejetée tout en s'insinuant en lui pour finir. Car les juifs, ces singuliers, tendent un miroir aux singularités du clan, des clans. Aristocrates ou homosexuels, élus du sang ou élus du sexe, y reconnaissent leurs différences. Les membranes des groupes se mettent à palpiter, les cloisons ne sont plus étanches. On s'énerve, on se laisse séduire, pénétrer, contaminer. Les hiérarchies persistent, bien sûr et encore, mais jusqu'à quand?

Une commune logique rassemble toutes ces différences, à laquelle Hannah Arendt donne le nom de «vice» et que Proust met en scène. En effet, chaque groupe s'agglutine autour d'un être pas comme les autres et vit, avec lui et contre lui, dans la logique du sadomasochisme: amour de la haine, haine de l'amour, persécution, humiliation, chagrin délectable. A cela, il n'y a pas d'issue sociale. Tout le social, le tout du social y est compris: «C'est *l'âme* [...] des anciens Juifs, *arrachée* à une vie tout à la fois *insignifiante et transcendantale* [...] si troublante parce qu'elle ne paraît pas émaner de l'humanité, si décevante parce que tout de même elle ressemble trop à l'humanité [...] qui nous donne l'impression du *surnaturel*, dans notre pauvre monde de tous les jours où même *un homme de génie* de qui nous attendons, rassemblés comme autour d'une *table tournante*, le secret de *l'infini*...»[56] L'âme insignifiante et malgré tout transcendantale, celle du juif arraché au passé ou celle du génie, telle une table tournante, diffuse «le secret de l'infini» dans notre pauvre monde. Le narrateur, les juifs comme Swann et les homosexuels comme Charlus, détiennent le secret de la société, fût-elle la plus raffinée, celle de Saint-Germain. Ils en retiennent les clés, ils en meurent, mais en vérité.

«En être ou ne pas en être», personne n'y échappe—surtout n'allez pas imaginer que vous pouvez créer un nouveau territoire, clan ou secte séparés, innocents. La même logique vous rattraperait, le vertige d'*en* être ou de ne pas *en* être. Sadomasochisme oblige: je lui (leur) appartiens—il (ils) m'aime(nt); je ne lui (leur) appartiens pas— il (ils) me tue(nt). *Être* est une question d'*amour*, c'est-à-dire d'appartenance, d'identification... et de regret.

Reprenons ici le dialogue que Arendt a engagé avec Proust. Le vice n'est pas un accident historique, chère Hannah Arendt. Le vice est latent, il est l'autre face de la société, il est infini. Proust semble l'avoir découvert aussi bien que Freud et sans lui. Il n'y a tout simplement aucun moyen de ne pas en être—de la société, donc de la perversion. Sauf à les décrire—décomposer, recomposer, réinventer. L'écriture n'efface pas le vice. Elle l'absout. Au réalisme qu'il maintient, le roman ajoute une métaphysique dans laquelle le vice est à la fois approuvé et réprouvé. En fin de compte, exhibé pour être évidé.

De fait, Hannah Arendt se trompe: la judéité selon Proust n'est pas un vice. «Assimilée», insérée dans une autre religion (ici catholique) au titre d'étrangeté fascinante et abjecte, la judéité manifeste l'inhérence du sadomasochisme au cœur obscur de toute société. La judéité est cet indice de vérité, lorsqu'elle irradie les ensembles sociaux. *En la retranchant* d'eux pour consolider la pureté du judaïsme, on la protège, au risque de perpétuer la guerre entre clans, ethnies, nations. Telle est la logique de l'*Histoire*, et Hannah Arendt cherche une suite supportable de l'Histoire. En revanche, lorsqu'*elle révèle la vérité intrinsèque* des ensembles homogènes, la judéité témoigne à l'infini de la réversibilité des passions—amour, jalousie, mort. Rien qu'une beauté et pas de solution historique. Si le judaïsme a pour lui l'Histoire, la judéité inspire l'art. En doublure du temps qui passe, forcément perdu, reste le temps retrouvé. C'est la voie de Proust: le pur temps incorporé.

Violente, cette incorporation: la beauté vraie sera à ce prix. Proust s'acharne sur Swann—son nez, son odeur, son eczéma, sa constipation, comme il va s'acharner sur le vieux Charlus sénile et impuissant. On se souvient de Françoise qui, ayant obtenu du travail littéraire une compréhension instinctive à force de vivre la vie du narrateur, adore égorger des poulets: en regardant «le cadavre de son ennemi», elle ne peut s'empêcher de crier «sale bête! sale bête!». De même, pour cuire un caractère, Proust le cuisinier vide sa proie de certaines de ses substances pour la farcir de la sienne, mourant et ressuscitant corps et âme dans la superbe préparation.[57] La projection chez lui se fait ainsi chair.

Depuis cette position frontalière et sadique, l'écriture inflige aux caractères des marques qui, étant potentiellement celles du narrateur, les rendent attachants, crédibles, en même temps qu'insaisissables. Ce ne sont plus des statues à la Balzac, mais des projections—les siennes (de Proust), les miennes, les vôtres. Qui est qui? Swann ou Haas, Swann ou Charlus, Charlus ou le narrateur, Françoise ou Albertine, Albertine ou Odette? Ou bien le narrateur, toujours et indéfiniment? Prenons Swann: sublime, wagnérien, botticellien, esthète, passons. «[...] le nez de polichinelle de Swann, longtemps résorbé dans le visage agréable, semblait maintenant énorme, tuméfié, cramoisi, plutôt celui d'un vieil Hébreu...»;[58] «une barbe de prophète surmontée d'un nez qui se dilate pour aspirer les derniers souffles».[59] Très ressemblant à Proust mourant, s'il avait pu savoir. Passons. «Swann, avec son ostentation, avec sa manie de crier sur les toits ses moindres relations, était un vulgaire esbroufeur que le marquis de Norpois eût trouvé, selon son expression, 'puant'.»[60] Heureusement que c'est Norpois qui le dit. Car si c'était le narrateur, le propos eût été plutôt aigre. Mais contre qui une telle aigreur, puisque c'est bien Swann la matière du livre, donc du narrateur lui-même...

Résumons-nous. Pour créer un caractère, il faut savoir bien *en être* et *ne pas en être*. Être Swann, l'aimer; et s'en détacher, ne plus en être. Les deux à la fois, avant de retrouver cette étrange osmose du projectionniste et de l'ombre: «Et pourtant, cher Charles Swann, que j'ai si peu connu quand j'étais encore si jeune et vous près du tombeau, c'est déjà parce que celui que vous deviez considérer comme un petit imbécile a fait de vous le héros d'un de ses romans, qu'on recommence à parler de vous et que peut-être vous vivrez!»[61] Qui vivra? Qui est le caractère? Haas? Swann? Proust?

Dedans et dehors, au centre du clan (le narrateur s'y croit) et à la périphérie (cela paraît plus vraisemblable). C'est ainsi qu'on taille. Dans la chair des autres, et dans la sienne propre. Sadiquement.

Avec précision.

Mais l'acharnement étant un retournement du discours, il en résulte une effervescence, qui pulvérise la sculpture en réverbération: rien que des mots que je projette, qui me projettent, et disposent ma cruauté en beauté. Une rosace. Lumière rose des lampes du Ritz. Bloch et Jacques du Rozier.

La beauté ne manque jamais de sarcasme avec Proust. Ceux qui l'oublient se prennent à imaginer le narrateur comme l'apôtre d'une nouvelle communion. Il aurait préfiguré le faisceau des âmes éprises de beauté. On n'a pas hésité à supputer ce qu'il pourrait bien y avoir de fasciste chez Proust. Jacques Benoît-Méchin s'autorise de son admiration pour Proust, de sa brève rencontre avec lui et du culte proustien pour l'art, opposé à la vie, pour interpréter la stupéfaction silencieuse d'une foule écoutant *Die Meistersinger von Nürnberg*, en 1922, à l'église de Wiesbaden, comme une «communication des âmes» à la manière de Proust.[62] Il suffit de lire *A la recherche* pour que ce faisceau collectif séduisant l'ex-collaborateur n'a rien à voir avec l'individualisme intransigeant de Proust qui exècre le bain de foule et toute promiscuité sexuelle, idéologique ou esthétique. Souder un clan, et encore moins une communauté nationale, fût-ce autour du vice, de la musique ou de la jubilation esthétique, n'est pas le but de cette cathédrale qu'est *A la recherche*. Il s'agit plutôt de disperser le vice et son inversion en crime, dans la prolifération de singularités irréductibles: métaphores, phrases, caractères.

Dès que les clans se constituent—avis aux proustophiles et aux esthètes!—le vice est leur ferment. Ils jouissent de *posséder* leur «différent». Ils se referment sur lui, le sadomasochisme les reprend, ils sont prêts à tout. Proust est allé au plus profond de l'effet clanique pour en mesurer les jouissances aussi bien que les impossibilités et le désir d'en sortir. Ne l'enfermons pas.

La vie intellectuelle et plus encore la vie littéraire en France aujourd'hui a hérité de ces cloisonnements dont se sont nourris La Bruyère et Proust. Elle les cultive et les pétrifie, excluant les nouveaux venus, rejetant les intrus, choyant ceux du sérail. Les reconnaissances et les adoptions peuvent être de classe, de sexe, de soi-disant goût (qui s'avère être complaisance esthétique ou idéologique). Toujours l'étau se resserre, et la question hamletienne française demeure: *en* être ou ne pas *en* être. On peut fixer un écrivain rejeté en qualifiant son style étrange de «franco-yddisch» (et Céline l'anarchiste de se faire le gardien du sanctuaire rhétorique, pour repousser Proust). A l'inverse, on peut imaginer que ce clanisme impénétrable des lettres françaises est le produit d'une intelligentsia «enjuivée», devenue allergique au français «pur» et «de souche» (de Drumont à Bernanos et Le Pen, ce spectre nationaliste hante les clôtures cependant bien réelles des «milieux» littéraires ou journalistiques de l'Hexagone). Jadis source d'une identité de langage et invite à la transgression stylistique, le clanisme—succédané du nationalisme—non seulement paraît aujourd'hui désuet mais, pratiqué comme simple défense par des institutions, sans projet esthétique et éthique, il entrave l'évolution du roman français.

Dans ces conditions, le projet de Proust de dénouer le clanisme et le nationalisme au moyen de la judéité, elle-même dépossédée d' une identité «propre», et de révéler la dynamique sadomasochiste de ces enfermements, est d'une ambition sociologique et métaphysique indépassée. Proust régionalise dangereusement la littérature qui lui succède, en la situant dans la politique (quand cette littérature aspire à l'universalité, comme chez Malraux ou Sartre) ou dans l'esthétisme (quand elle feint d'ignorer son adhésion au langage convenu, pour être mieux admise car elle *en* est, mais en le déniant: tels le nouveau roman ou le minimalisme post-moderne). Ni d'un côté, ni de l'autre, sans cesse au-delà d'eux, Proust ne cesse de déranger tous ceux qui veulent «en être».

Notes

[1] *Correspondance*, t. XIV, 241.
[2] *RTP*, IV, 344.
[3] Ibid., 352–354.
[4] *Cahiers Marcel Proust*, n° 13, Gallimard, 1985, p. 83.
[5] *éthos*: séjour habituel, gîte des animaux (Homère); depuis Hésiode, signifie manière d'être habituelle, coutume, caractère.
[6] Aristote, *Poétique*, trad. Dupont-Roc et Lallot, Seuil, 1980, chap. 6, 50 b8.
[7] *Poetices Libri septem*, Lyon, 1581.
[8] *TR, RTP*, IV, 474.
[9] *Pr*, Esquisse I, *RTP*, III, 1096-1097, ed. Clarac-Ferré; III, 116.
[10] Cf. *Cahiers M. Proust*, n° 8, établi et présenté par Ph. Kolb, Gallimard, 1976, p. 83–84.
[11] *TR, RTP*, IV, 625.
[12] Cf. l'étymologie d'*éthos*, «séjour», «gîte».
[13] «[...] le type mondain [...] c'est une unité immédiate, définie par sa place au milieu d'unités voisines dont la contiguïté en quelque sorte différentielle forme l'*inland* de la mondanité.» Cf. Roland Barthes, «La Bruyère: du mythe à l'écriture», préface à La Bruyère, *Les Caractères*, 10/18, 1980, p. 14.
[14] La Bruyère, «Discours sur Théophraste», 15, cité par Ph. J. Salazar, «Je le déclare nettement: La Bruyère orateur', *L'Infini*, n° 35, automne 1991, p. 105.
[15] *TR, RTP*, IV, 625.
[16] *JFF, RTP*, II, 121–122.
[17] Ibid., 14. Nous soulignons.
[18] *CS, RTP*, I, 25, 304.
[19] *AD, RTP*, IV, 117.
[20] *CS, RTP*, I, 304.
[21] *CG, RTP*, II, 750.
[22] *S et G, RTP*, III, 357.
[23] *TR, RTP*, IV, 620.
[24] *AD, RTP*, IV, 85. Nous soulignons.
[25] Proust en parle dans une lettre à Lucien Daudet, 27 nov. 1913.
[26] Cf. dans une perspective complémentaire, l'analyse détaillée et suggestive du statut des personnages de Proust comme tributaires de la structure du roman et du style du narrateur, par Jean-Yves Tadié, *Proust et le roman*, Gallimard, 1971, et notamment chap. III: La peinture des personnages; apparition et interrogation; chap. IV: Le personnage, une image?; chap V: Le personnage, son comportement; Chap. VIII: Personnage et relation;

chap. XI: Temps et personnages.
[27] CS, RTP, I, 7.
[28] La France juive, 1886, cité par H. Raczymow, Le Cygne de Proust, Gallimard, 1989, p. 105–107.
[29] Cf. Hannah Arendt, Sur l'antisémitisme, Calmann-Lévy, 1973, Points-Seuil, 1984.
[30] TR, RTP, IV, 458
[31] CG, RTP, II, 538.
[32] S et G, RTP, III, 17.
[33] Cf. Jacques Viard, «Proust, Bernard-Lazare, Péguy et Romain Rolland», in Bulletin de la Société des amis de M. Proust et des amis de Combray, 1986, n° 36, p. 566–574.
[34] CG, RTP, II, 487.
[35] Ibid.
[36] Ibid., 870.
[37] Ibid.
[38] Ibid.
[39] «Un esprit et un génie innombrables: Léon Daudet», Nouveaux mélanges, mars 1920, in CSB, p. 603.
[40] Parmi les études sur Proust et le judaïsme, voir tout particulièrement: Albert Mingelgrün, Thèmes et structures bibliques dans l'œuvre de Marcel Proust, L'Âge d'homme, 1978; Jean Recanati, Profils juifs de Marcel Proust, Buchet-Chastel, 1979; Marcel Muller, «Préfiguration et structure romanesque dans A la recherche du temps perdu», French Forum, 1979; Erwin Spatz, Les Juifs dans l'œuvre de James Joyce, Marcel Proust et Robert Musil, 4 vol., EHESS, Paris, 1979 (thèse dactylographiée) et Jeanne Bem, «Le juif et l'homosexuel dans la Recherche», Littérature, n° 37, février 1980.
[41] Comme le démontre l'étude de A. Mingelgrün, op. cit., p. 40 notamment.
[42] JS (1895-1900), p. 423. En effet, dans la synagogue, le marié doit fouler aux pieds un verre et le casser en récitant les Psaumes: «Si je t'oublie, Jérusalem, que ma droite m'oublie! Que ma langue se colle à mon palais...» Psaumes, CXXXVIII, 5–6.
[43] Cahier 2, BN 16642.
[44] B. Brun, «Brouillons et brouillages: Proust et l'antisémitisme», Littérature, n° 70, mai 1988, p. 111.
[45] Lettre du 4 janvier 1921 à Charles Bugnet, cité par A. Compagnon, «Racine est plus immoral», in Proust entre deux siècles, Seuil, 1989, p. 492.
[46] S et G, RTP, III, 22.
[47] Ibid., 33.

[48] Cf. J. Hassine, op. cit., p. 321. A la mort de Proust, Urbain Gohier publie dans *La Vieille France* (n° 432, 30 août 1923), sous le titre «Marcel Proust était juif», un article bêtement vindicatif contre l'écrivain.
[49] *JFF, RTP*, II, 246.
[50] Première partie de *Les Origines du totalitarisme* (1951), tr. fr. Calmann-Lévy, 1973, Points-Seuil, 1984.
[51] Ibid., p. 185–6.
[52] Ibid., p. 186.
[53] «La question n'est pas, comme pour Hamlet, d'être ou de ne pas être, mais d'en être ou de ne pas en être», *S et G, RTP*, III, 410 (cité par H. Arendt, op. cit., p. 187).
[54] Ibid., p. 194.
[55] *S et G, RTP*, III, 89; et: «un nez immense qui se dilate pour aspirer les derniers souffles», ibid., 103.
[56] *CG, RTP*, II, 489. Nous soulignons.
[57] Cf. Raczymov, *Le Cygne de Proust*, p. 62.
[58] *S et G, RTP*, II, 89.
[59] *S et G, RTP*, III, 103.
[60] *JFF, RTP*, 423.
[61] *Pr, RTP*, III, 705.
[62] Cf. Jeffrey Mehlman, «Littérature et collaboration», *L'Infini*, n° 7, 1984, p. 10–23.

THE EUROPEAN HUMANITIES RESEARCH CENTRE

UNIVERSITY OF OXFORD

The European Humanities Research Centre of the University of Oxford organizes a range of academic activities, including conferences and workshops, and publishes scholarly works under its own imprint, LEGENDA, as well as *Oxford German Studies*.

Within Oxford, the EHRC bridges, at the research level, the main humanities faculties: Modern Languages, English, Modern History, Literae Humaniores, Music and Theology. The Centre stimulates interdisciplinary research collaboration throughout these subject areas and provides an Oxford base for advanced researchers in the humanities.

The Centre's publications programme focuses on making available the results of advanced research in medieval and modern languages and related interdisciplinary areas. An Editorial Board, whose members are drawn from across the British university system, covers all the major European languages. Titles include works on French, German, Italian, Portuguese, Russian and Spanish literature. In addition, the EHRC publishes Research Monographs in French Studies in association with the Society for French Studies, and Studies in Comparative Literature in association with the British Comparative Literature Association. The Centre has launched the Special Lecture Series under the LEGENDA imprint.

Enquiries about the Centre's publishing activities should be addressed to:
Professor Malcolm Bowie, Honorary Director (Publications)

Further information:
Kareni Bannister, Senior Publications Officer
European Humanities Research Centre
47 Wellington Square
Oxford OX1 2JF
E-mail: ehrc@modern-languages.ox.ac.uk

LEGENDA EDITORIAL BOARD

Honorary Director (Publications)
Professor Malcolm Bowie, All Souls College

Professor Ian Maclean, All Souls College (French)
Professor Marian Hobson Jeanneret, Queen Mary & Westfield College, London (French)
Dr Ritchie Robertson, St John's College (German)
Dr Lesley Sharpe, University of Exeter (German)
Dr Diego Zancani, Balliol College (Italian)
Professor David Robey, University of Manchester (Italian)
Dr Stephen Parkinson, Linacre College (Portuguese)
Professor Helder Macedo, King's College, London (Portuguese)
Professor Gerald Smith, New College (Russian)
Professor David Shepherd, University of Sheffield (Russian)
Dr David Pattison, Magdalen College (Spanish)
Dr Alison Sinclair, Clare College, Cambridge (Spanish)
Dr Elinor Shaffer, School of Advanced Study, London (Comparative Literature)

Editorial Co-ordinator
Dr Kevin Hilliard, St Peter's College
Senior Publications Officer
Kareni Bannister